Vertrauen ist die Grundlage von allem.

Sie ist das Fundament eurer Zukunft.

Und eure Liebe ist die Kraft, sie gemeinsam zu gestalten

und sie gemeinsam zu genießen.

KATHARINA BORN

ANDREAS-G. STREHLAU

ZWEI
DIE SICH
TRAUEN

AGENTUR DES RAUHEN HAUSES

Inhalt

Vorwort
7

Liebe
9

Reden
21

Beistehen
25

Verständnis
31

Schuld
41

Vergebung
46

Wagnis
54

Glück
58

Chronik der Familie
67

VORWORT

Weil ich dich liebe

Nach einem kleinen, unbedeutenden Streit, bei dem ich mich einmal wieder wie der Elefant im Porzellanladen benommen hatte, fragte ich meine »Liebe«: »Wie hältst du es eigentlich mit mir aus?« Und ich bekam die Antwort: »Weil ich dich liebe!« Vielleicht ist es wirklich so, wie es in der kleinen Geschichte von Ba Ling »Das Wasser der Liebe« beschrieben wird. Zuerst kocht das Wasser der Liebe leidenschaftlich und heiß, dann, im Laufe der Zeit, wird es in der Ehe, in der Partnerschaft, immer kälter. Dabei sind doch fast alle Liebespaare der festen Überzeugung, dass ihnen dies bestimmt nicht passieren wird. Alle wollen doch, dass das Wasser der Liebe warm und immer wärmer wird, trauen sich auch zu, die Klippen, die eine Ehe und Partnerschaft bedrohen, zu umsegeln.

Aber wie kann das gelingen?

Was ist zu beachten?

Wovor sollte man sich hüten?

In diesem Buch soll versucht werden, ohne erhobenen Zeigefinger auf die ungleichen Temperamente, unterschiedlichen Begabungen, auseinandergehenden Ansichten und abweichenden Gefühle zweier Partner einzugehen. Manch eine Geschichte oder ein Gedicht mag Ihnen in Ihrer Partnerschaft und Ehe Hilfestellung geben. Denn im gegenseitigen Ernstnehmen und Annehmen, im grenzenlosen Vertrauen und Zutrauen, im Wissen um die Eigenheiten des Partners, muss sich Ihre Liebe bewähren. Weil Sie sich lieben – und weil Sie zwei sich trauen!

Das Wasser der Liebe

Aber die Liebe?
Wo bleibt die Liebe in der Ehe,
wenn man verheiratet wird?«,
fragte ich den alten Chinesen.

»Sie kommt«, antwortete er.
»Bei uns setzt das junge Paar am Hochzeitstag
den Topf mit dem Wasser der Liebe
auf den häuslichen Herd.

Und da wird es warm und immer wärmer.
Bei euch kocht das Wasser der Liebe,
wenn ihr heiratet –
und dann wird es in der Ehe kalt.«

Ich wollte widersprechen,
aber es blieb bei der Absicht.

BA LING

LIEBE

Die Liebe ist der Versuch, zwei (sich) widerstrebende Kräfte zu vereinen – häufig vergeblich. Das klingt hart, ist aber gar nicht so weit von der Realität, so man es auf die Ehe und Partnerschaft bezieht. Die Liebe brauchen wir lebensnotwendig, um lebensfähig zu werden. Kinder ohne Liebe vergehen. Eine Welt ohne Liebe verfällt und zerstört sich selbst. Eine Ehe und Partnerschaft ohne Liebe ist wie eine Suppe ohne Salz. Aber was meinen wir eigentlich, wenn wir dem Partner sagen: Ich liebe dich? Meinen wir damit: Ich finde dich reizvoll, begehrenswert, interessant, körperlich und geistig anregend …?

Fragen wir doch, was zur Liebe gehört:

Die Liebe ist langmütig, gütig ist die Liebe,
die Liebe ist nicht eifersüchtig,
sie prahlt nicht, ist nicht aufgeblasen.
Sie handelt nicht taktlos,
sie sucht nicht den eigenen Vorteil,
sie lässt sich nicht erbittern,
sie trägt das Böse nicht nach.
Sie freut sich nicht über das Unrecht,
freut sich vielmehr an der Wahrheit.
Alles deckt sie zu, alles glaubt sie,
alles hofft sie, alles erträgt sie.
Die Liebe hört niemals auf.

1. KORINTHER 13,4-8

Lieben

Lieben heißt, dass wir uns dem anderen ohne Garantie ausliefern, dass wir uns der geliebten Person ganz hingeben in der Hoffnung, dass unsere Liebe auch in ihr Liebe erwecken wird. Liebe ist ein Akt des Glaubens, und wer nur wenig Glauben hat, der hat auch nur wenig Liebe. Glaube erfordert Mut. Damit ist die Fähigkeit gemeint, ein Risiko einzugehen, und auch die Bereitschaft, Schmerz und Enttäuschung hinzunehmen. Wer Gefahrlosigkeit und Sicherheit als das Wichtigste im Leben ansieht, kann keinen Glauben haben.

ERICH FROMM

LIEBE

Liebes-Lied

Wie soll ich meine Seele halten, dass
sie nicht an deine rührt? Wie soll ich sie
hinheben über dich zu andern Dingen?
Ach gerne möcht ich sie bei irgendwas
Verlorenem im Dunkel unterbringen
an einer fremden stillen Stelle, die
nicht weiterschwingt, wenn deine Tiefen schwingen.
Doch alles, was uns anrührt, dich und mich,
nimmt uns zusammen wie ein Bogenstrich,
der aus zwei Saiten *eine* Stimme zieht.
Auf welches Instrument sind wir gespannt?
Und welcher Geiger hat uns in der Hand?
O süßes Lied.

RAINER MARIA RILKE

LIEBE

Liebe ist stark wie der Tod

Lege mich wie ein Siegel auf dein Herz,
wie ein Siegel auf deinen Arm.
Denn Liebe ist stark wie der Tod
und Leidenschaft unwiderstehlich
wie das Totenreich.
Ihre Glut ist feurig
und eine Flamme des Herrn,
so dass auch viele Wasser
die Liebe nicht auslöschen
und Ströme sie nicht ertränken können.
Wenn einer alles Gut in seinem Hause
um die Liebe geben wollte,
so könnte das alles nicht genügen.

HOHESLIED 8,6-7

LIEBE

Mein Herz dichtet ein feines Lied

Die Melodie trage ich in meinem Herzen –
Die Worte kommen aus meiner Seele –
Ich singe für den Menschen, den ich liebe –
Wenn ich liebe, erkenne ich nur Schönheit –
Ich sehe so gern die Zärtlichkeit deines Gesichtes –
Du bist für mich ein Gruß von Gott –
Mach dich hübsch und zeig mir, wie gut du aussiehst –
Wer sich lieben lässt, ist schön –
Widme dein Leben der Wahrhaftigkeit –
Gehe behutsam mit dem Geschenk der Liebe um –
Voller Wunder, wundervoll wird unser Leben sein –
Du wirst Feinde haben, wenn du so lebst –
Aber die Klarheit wird alle Widerstände überwinden –
Lieber Gott, du bist unser Vater jetzt und immer –
Du liebst ein dankbares Leben –
Du verabscheust alle Gemeinheit und Niedertracht –
Deshalb hast du uns unsere Liebe geschenkt,
schöner ist sie als das kostbarste Rosenöl –
Du, mein lieber Mensch, du siehst so gut aus –
Es gefällt mir über die Maßen, wie du dich kleidest –
Du hast Freude an der Musik –
Mein Herz sehnt sich nach dir –
Ich brauche deine Nähe und dein Verständnis –
Wir werden uns schmücken –
Unsere Wohnung verwandeln wir zu einem Palast –
Dafür will ich beten und Gott danken –
Jeder, der liebt, verdankt Gott dieses Wunder –
seit Menschengedenken und für alle Zeiten.

Psalm 45, übertragen von Peter Spangenberg

LIEBE

Aneinander wachsen

Ich möchte dich unentwegt anschauen,
aber dann ständen wir immer gegeneinander.
Ich möchte dich umarmen und meine Arme nie mehr öffnen,
doch dann kämen wir keinen Schritt weiter.
Drum wollen wir einander bei der Hand nehmen,
in dieselbe Richtung schauen und auf dasselbe Ziel zugehen.

So werde ich dich immer besser kennenlernen,
und du wirst immer mehr erfahren, wer ich bin.
Ich werde verstehen, wie du denkst und fühlst,
wie du die Menschen siehst und das Leben.
Ich werde lernen, mit dir zu denken,
mit deinen Augen zu sehen
und mit deinem Herzen zu empfinden.
Ich werde nicht versuchen,
dich nach meinen Wünschen umzuformen.

So werden wir aneinander wachsen
und einander immer tiefer lieben und achten.
Du wirst durch mich mehr du selbst werden
und ich mehr ich selbst durch dich.
Vielleicht wird unsere Einsamkeit zuweilen fast unerträglich sein,
denn aus dem tiefsten Raum in uns führt kein Weg nach außen;
so bleibt im Letzten jeder allein.
Gemeinsam werden wir unsere Einsamkeit tragen
und gerade dadurch mehr und mehr eins werden.

LIEBE

Lebensblumen

Die wahre Liebe ist nicht eine einzelne Blume,
die gefunden wird und welkt,
sondern ein wunderbares Hervorbringen
von großen und kleinen Lebensblumen
zu einem Ganzen.

FRIEDRICH SCHLEGEL

LIEBE

Deine Augen

Ich sehe in deine Augen. Sehe die Farbe, das Licht, das Funkeln. Ich sehe in deine Augen und sehe doch häufig nichts. Manchmal, ja, da habe ich das Gefühl, in deinen Augen lesen zu können. Dann sehe ich plötzlich deine heimliche Freude, deine Begeisterung, dein Entzücken. Dann wiederum sprechen deine Augen von Angst, Trauer und Leid.

Ich sehe in deine Augen, und manchmal sehe ich dann mich. In deinen Augen sehe ich meine Augen leuchten, tanzen, spielen. Ich liebe deine Augen und habe große Angst vor dem Moment ihres Brechens.

LIEBE

Hört auf!

Hört auf damit!
Sagt nicht, die Ehe ist gesellschaftlich notwendig.
Sagt vielmehr denen, die die Ehe wollen,
wie sie sie gestalten sollen.
Sagt nicht, die Ehe ist veraltet und überkommen.
Sagt vielmehr, warum sie scheitert,
und wie man dies ändern kann.
Sagt nicht, der Markt macht alles möglich.
Sagt vielmehr, wie man die Liebe erneuert.
Sagt nicht, es ist alles vergebens.
Sagt vielmehr, lasst uns lieben und verstehen.

Reden ist Silber, Schweigen ist Gold.« Wer kennt dieses Sprichwort nicht? Lassen wir einmal außer acht, ob es nun stimmt oder nicht, in der Ehe und Partnerschaft haben wir es mit dem Reden und dem Schweigen zu tun. Es ist nicht immer gesagt, dass wir Probleme durch ständiges Reden aus der Welt bekommen, schon gar nicht bei Beziehungsproblemen. Aber das Schweigen, Verschweigen scheint auch nicht der richtige Weg zu sein. Was also ist zu tun? Es kommt darauf an, inwieweit die Partner dialogfähig sind, das heißt, ob beide einander zu Wort kommen lassen, und ob man auf den anderen zu hören vermag, ohne sofort in eine Verteidigungsposition zu verfallen. Einfühlungsvermögen, Rücksicht und Toleranz sind gefragt. Manchmal sollten wir uns Zeit lassen und abwarten, bis wir sprachfähig sind.

Der größte Krach in unserer Ehe drehte sich um die Anschaffung eines elektrischen Rasenmähers, und dabei hatten wir nicht einmal einen Rasen!

Unbekannt

REDEN

Es waren deine ...

Eigentlich war es nur ein kleiner Streit.
Aber er hatte so viele Worte gemacht,
dass sie nichts mehr verstand.

Als er aus dem Haus gegangen war,
bückte sie sich und sammelte alle Worte
zusammen, die er verloren hatte.
Dann breitete sie sie aus, um sie zu sortieren.
Siehe da, kostbare Worte waren dabei,
aber auch Hülsen, abgebrochene Worte
und lediglich Fetzen, alles durcheinander.

Als er abends nach Hause kam,
überreichte sie ihm die kostbaren Worte.
Woher hast du die? fragte er erstaunt.
Es waren deine, sagte sie lächelnd,
du hattest sie nur verloren.

PETER SPANGENBERG

Behüte meine Zunge, o Herr

Jesus, mein Herr,
deine Weisheit übertrifft die meine.
Die Worte meiner Weisheit
erweisen sich vor dir als Torheit.

Meine Zunge ist unbeherrscht
und mein Wille sprunghaft.
Unüberlegte Worte sind mir längst
zur Gewohnheit geworden.

Willst du meinen Willen und meine Gedanken
nicht in die rechte Bahn lenken
und aus meinem Munde nur solche Worte lassen,
die deinen Namen ehren?

Meine Worte loben mich selbst
und urteilen hart über andere und ihre Ideen.
Nur du kannst mir helfen,
die rechten Worte zu finden.
Nur du kannst mir geben zu reden,
wie es dir gefällt.
Nur du kannst meine Zunge
unter Kontrolle halten.
Behüte meine Zunge, o Herr!

UNBEKANNT

REDEN

Es gibt einen Punkt

Es gibt einen Punkt,
da hilft Reden nicht weiter,
da wird man durch Fragen
kein Stückchen gescheiter,
da weiß man:
Im Grunde ist alles gesagt,
ich selbst bin jetzt dran,
ich selbst bin gefragt.
Es gibt einen Punkt,
da schenkt Gott dir die Klarheit,
da weiß man genau,
was du hörst, ist die Wahrheit.
Da trübt
jedes weitere Grübeln den Blick,
da ruft jedes Zögern
den Nebel zurück.
Es gibt einen Punkt,
da geht eins nur von beiden,
da muss man sich für
oder gegen entscheiden.
Da ist das Vertagen
stillschweigend ein Nein,
die Chance zum Ja
kann verloren sein.

WOLFGANG KRASKA

BEISTEHEN

Kein Mensch kann auf Dauer ohne die oder den andern Menschen leben. Wir Menschen brauchen einander. Wirkliches »Glück« erfahren wir im Miteinander und Beieinander. Deshalb wollen wir in der Ehe und Partnerschaft einander beistehen, füreinander da sein. Und jeder sollte für das Gelingen der Partnerschaft seinen Beitrag leisten. Bei dem Stichwort »leisten«, zeigt leider die Erfahrung, dass wir häufig vom Partner mehr erwarten, als wir selbst zu geben bereit oder imstande sind. Gerade in der Ehe und Partnerschaft ist es wichtig, den anderen nicht zu überfordern. Beistehen, bei dem Partner sein, kann wunderschön und schmerzlich empfunden werden. Es bedeutet eben auch, Glück und Leid miteinander zu teilen.

Die, welche dir die Nächsten und Liebsten sind,
erträgst du manchmal schwer.
Sei gewiss, es geht ihnen mit dir ebenso.

ERNST VON FEUCHTERSLEBEN

BEISTEHEN

Sonett Nr. 19

Nur eines möcht ich nicht: dass du mich fliehst.

Ich will dich hören, selbst wenn du nur klagst.

Denn wenn du taub wärst, braucht ich, was du sagst,

Und wenn du stumm wärst, braucht ich, was du siehst.

Und wenn du blind wärst, möcht ich dich doch sehn.

Du bist mir beigestellt als meine Wacht:

Der lange Weg ist noch nicht halb verbracht.

Bedenk das Dunkel, in dem wir noch stehn!

So gilt kein »Lass mich, denn ich bin verwundet!«

So gilt kein »Irgendwo« und nur ein »Hier«.

Der Dienst wird nicht gestrichen, nur gestundet.

Du weißt es: Wer gebraucht wird, ist nicht frei.

Ich aber brauche dich, wie's immer sei.

Ich sage ich und könnt auch sagen wir.

BERTOLT BRECHT

BEISTEHEN

Am seidenen Faden

Ein hoher Beamter fiel bei seinem König in Ungnade. Der König ließ ihn im obersten Raum eines Turmes einkerkern. In einer mondhellen Nacht stand der Gefangene oben auf der Zinne des Turmes und schaute hinab. Da sah er seine Frau stehen. Sie machte ihm ein Zeichen und berührte die Mauer des Turmes. Gespannt blickte der Mann hinunter, um zu erkennen, was seine Frau hier tat. Aber es war für ihn nicht verständlich, und so wartete er geduldig auf das, was da kam.

Die Frau am Fuß des Turmes hatte ein honigliebendes Insekt gefangen, sie bestrich die Fühler des Käfers mit Honig. Dann befestigte sie das Ende eines Seidenfadens am Körper des Käfers und setzte das Tierchen mit dem Kopf nach oben an die Turmmauer, gerade an die Stelle, über der sie hoch oben ihren Mann stehen sah. Der Käfer kroch langsam dem Geruch des Honigs nach, immer nach oben, bis er schließlich dort ankam, wo der gefangene Ehemann stand.

Der Mann war aufmerksam und lauschte in die Nacht hinein, und sein Blick ging nach unten. Da sah er das kleine Tier über die Rampe klettern. Er griff behutsam nach ihm, löste den Seidenfaden, befreite das Insekt und zog den Seidenfaden langsam und vorsichtig zu sich empor. Der Faden wurde immer schwerer, es schien, dass etwas daran hing. Und als der Ehemann den Seidenfaden ganz bei sich hatte, sah er, dass am Ende ein Zwirnsfaden befestigt war. Der Mann zog nun auch diesen Faden zu sich empor.

BEISTEHEN

Der Faden wurde immer schwerer, und siehe, an seinem Ende war ein kräftiger Bindfaden festgemacht. Langsam und vorsichtig zog der Mann den Bindfaden zu sich empor. Auch dieser Faden wurde immer schwerer. Und an seinem Ende war dem Manne eine starke Schnur in die Hand gegeben. Der Mann zog die Schnur zu sich heran, und ihr Gewicht nahm immer mehr zu, und als das Ende in seiner Hand war, sah er, dass hier ein starkes Seil angeknotet war. Das Seil machte der Mann an einer Turmzinne fest. Das Weitere war einfach und selbstverständlich. Der Gefangene ließ sich am Seil hinab und war frei. Er ging mit seiner Frau schweigend in die stille Nacht hinaus und verließ das Land des ungerechten Königs.

Aus Indien, nacherzählt von Peter Spangenberg

BEISTEHEN

Gebet am Tage der Trauung

Lieber Vater,
wir danken dir von Herzen für alles,
was du uns Gutes getan hast.
Du hast uns miteinander verbunden
und gesegnet.
Lass uns in den vor uns liegenden Jahren
deine Freundlichkeit spüren.
In guten und in schweren Tagen
unseres Lebens
bitten wir um deinen Schutz.
Wenn wir schuldig werden
vor dir und aneinander,
so stärke unseren Glauben
und zeige uns Wege
der Liebe zueinander.
Amen.

VERSTÄNDNIS

Dass zwei Menschen sich verstehen, Verständnis für einander haben, ist nicht die Regel, vielmehr die Ausnahme. Auch in der Ehe, in der Partnerschaft gibt es Situationen, in denen die Partner nicht fähig sind, offen, ehrlich, engagiert und frei miteinander zu reden.

Gerade bei Auseinandersetzungen kommt es deshalb häufig zu ironischen Bemerkungen, versetzt mit versteckten Angriffen. Aufgrund der Unkenntnis der Gefühle, Eigenheiten und Erwartungen des Partners ist das Nichtverstehen vorprogrammiert. Kein Mensch kennt den anderen Menschen, selbst den Menschen an seiner Seite, wirklich in all seinen Schattierungen. Immer wieder werden wir von unseren Lebenspartnern überrascht werden. Wenn wir die Erwartungen des Partners kennen und seine Gefühle und Eigenheiten ernst nehmen, ist es möglich, dass es zu einer Verständigung zwischen zwei grundunterschiedlichen Persönlichkeiten kommen kann. Zwischenmenschliches Verstehen kann nur dann entstehen, wenn wir die Einsicht in unsere Gefühle, Eigenheiten und Erwartungen und in die des Partners besitzen und achten.

VERSTÄNDNIS

Mein Spiegelbild

Mein Spiegelbild bist du!
Denn du siehst mich an,
anders, als andere mich sehen.
Du siehst mich mit deinen Augen,
und deine Augen trügen nicht!
Du siehst mehr in mir,
als ich dich sehen lassen will.
Du hältst mich fest,
du fixierst mein Sein!
Sei vorsichtig,
ich bin zerbrechlich,
ein Blick zuviel – und ich vergeh!

VERSTÄNDNIS

Annehmen

Ich nehme dich an. Dich.
Nicht ein ideales Traumbild
von einem Supermann,
einer Superfrau.
Es ist auch nicht der kindliche Wunsch
nach der weiter verwöhnenden Mutter,
nach dem starken, beschützenden Vater.
Ich meine wirklich dich:
diesen leibhaftigen Menschen neben mir.
Dich mit Haut und Haaren,
mit dem Grübchen am Kinn
und den zusammengewachsenen Brauen,
mit deinem Charme und deinen Macken.
Dich nehme ich an.
So wie du bist.
Nicht so, wie ich dich gerne hätte.
Ich brauche dich nicht als mein
Erziehungsobjekt.
Ich liebe dich nicht mit Bedingungen:
»wenn du …«
Ich nehme dich an.

VERSTÄNDNIS

Ich nehme dich an
mit deiner Kinderstube
und mit deinen Manieren.
Mit dem, was du gelernt hast,
und dem, was du nicht gelernt hast.
Mit den Verletzungen deiner Kindheit
und den Narben deiner Jugendjahre.
Mit deinen Stärken und deinen Schwächen,
mit deiner Sonnenseite und mit deinem Schatten.
Ja, auch das nehme ich an,
was du selbst nur schwer annehmen kannst an dir.
Alles, was zu dir gehört:
wie du dich entwickelt hast,
wie du jetzt bist,
wie du sein wirst in zehn Jahren.

Ich nehme dich an. Dich.
Diesen erwachsenen, verwachsenen,
nie ausgewachsenen, immer weiter
wachsenden,
stacheligen, zärtlichen, spröden,
herzlichen,
unausstehlichen, liebenswerten,
kaputten, lebendigen
menschlichen Menschen.
Dich nehme ich an.

VERSTÄNDNIS

Ein Anruf für Sie, sagt
die Kollegin fassungslos
zu mir herüber: Wenn ich
recht verstanden habe,
aus dem Paradies.

Hörst du mich, so tönt es
leise aus der Muschel,
hast du mich noch lieb?
Und ob, sage ich, sehr,
gib acht auf deine Flügel!

Die Kollegin schaut entgeistert.
Es war mein Engel, sage ich.

LOTHAR ZENETTI

Die gute Ehe

Es handelt sich in der Ehe für mein Gefühl nicht darum, durch Niederreißung und Unterstützung aller Grenzen eine rasche Gemeinsamkeit zu schaffen, vielmehr ist die gute Ehe die, in welcher jeder den anderen zum Wächter seiner Einsamkeit bestellt und ihm dieses größte Vertrauen beweist, das er zu verleihen hat. Ein Miteinander zweier Menschen ist eine Unmöglichkeit und, wo es doch vorhanden scheint, eine Beschränkung, eine gegenseitige Übereinkunft, welche einen Teil oder beide Teile ihrer vollsten Freiheit und Entwicklung beraubt. Aber, das Bewusstsein vorausgesetzt, dass auch zwischen den nächsten Menschen unendliche Fernen bestehen bleiben, kann ihnen ein wundervolles Nebeneinanderwohnen erwachsen, wenn es ihnen gelingt, die Weite zwischen sich zu lieben, die ihnen die Möglichkeit gibt, einander immer in ganzer Gestalt und vor einem großen Himmel zu sehen!

Rainer Maria Rilke

VERSTÄNDNIS

Das Modell

Das ist heute euer Modell«, sagte der Zeichenprofessor, »eine Vase, ein Apfel und dieser Laib Brot. Ich gruppiere sie so … sehr gut … nun verdunkle ich das eine Fenster … bitte, ziehen Sie doch den anderen Vorhang etwas beiseite … das wird gehen … gut. Sie sehen, meine Damen und Herren, wir müssen unser Modell immer im besten Licht sehen. Das ist ein Grundsatz der Zeichenkunst und ein Grundsatz im Leben überhaupt: Bevor wir eine Person beurteilen, müssen wir sie zuerst ins beste Licht rücken. Das verborgene Gute kann dann ans Licht kommen … Und jetzt wollen wir beginnen.«

H.L. GEE

VERSTÄNDNIS

Keine Verständigung

Nein, du kannst mich nicht verstehen, auch wenn du mir sehr nahe bist. Liebe, sagst du, verbindet uns, lässt uns miteinander ganz und gar verschmelzen. Aber du irrst. Du kannst mich nicht verstehen, weil du nicht so bist wie ich. Du kannst nicht fühlen, ermessen und ahnen, was mich bewegt. Meine Gedanken, meine Ängste und Sorgen, meine heimlichen Freuden und Sehnsüchte, all das ist dir fremd. Fremd, nicht weil ich mich nicht öffnen will vor dir! Fremd, weil du in dir selber ruhst, in dir, nicht in mir. Ich bin nicht einsam, weil ich dich an meiner Seite weiß. Dennoch freue ich mich über Zeiten, da du weit weg von mir bist. Ich bin dann allein, allein wie ich es immer schon war. Nein, nicht einsam, sondern allein bin ich. Obwohl du da bist, obwohl ich dich spüre, fühle, rieche, bin ich allein. Allein mit meinen Gedanken, meinen Ängsten und Sorgen, meinen heimlichen Freuden und Sehnsüchten. Du fragst, woran ich jetzt gerade denke? Du weißt es nicht, und manchmal weiß ich es auch nicht. Ich bin plötzlich versunken, versunken in mir. Was soll ich dir antworten? Etwa, ich bin in Gedanken! In welchen?«

SCHULD

Es gehört zu unserem Leben, gerade in der Ehe, in der Partnerschaft schuldig zu werden. Schnell und manchmal zu leicht weichen wir der Übernahme von Schuld aus. Jeder verdrängt dabei seinen Anteil an Schuld. So werden die Lebensumstände, sogar das Schicksal für etwas verantwortlich gemacht, wo wir uns vielmehr nach unserer persönlichen Schuld fragen sollten. Häufig wird die eigene Schuld auf den Partner projiziert. Geradezu grotesk wird diese Schuldzuweisung bei Streitigkeiten in der Ehe, in der Partnerschaft. Anstatt zu fragen »Wer ist schuld?«, sollten wir lieber nach dem »Warum« fragen. Schuld und Schuldgefühle in der Ehe, in der Partnerschaft können nicht isoliert auf einen einzigen Menschen bezogen werden.
Wir müssen wieder erkennen, dass Schuld oder nur ein Schuldiger oft nicht feststellbar sind. In unserem Leben gibt es Leid, Kummer, Missverständnisse, Fehleinschätzungen, Unwahrheiten und Unvollkommenheit. Dass das so ist, bedeutet jedoch nicht Resignation, sondern in der Ehe und Partnerschaft ist eine ständige Auseinandersetzung mit dem Partner notwendig zum Gelingen einer Zweierbeziehung. Kein Nebeneinander, sondern ein Miteinander ist gefordert. Schuld ist, wie das Verzeihen und das Vergeben, eine Frage der Beziehung; um es anders auszudrücken, eine Frage des Gebens und Nehmens, des gegenseitigen Annehmens.

SCHULD

Warum?

Zwei Menschen lieben sich und wollen sich nie mehr trennen. So versprechen sie vor Gott, sich zu lieben und zu ehren, sich in Freud und Leid nicht zu verlassen und den Bund der Ehe heilig und unverbrüchlich zu halten, bis der Tod sie scheidet. Zuerst streiten sie sich um Kleinigkeiten, und später machen sie sich gegenseitig Vorwürfe. Sie ändern und verändern sich und stellen fest, dass sie sich auseinandergelebt haben. Die Interessen sind verschieden, die Eigenheiten und Vorlieben des anderen stoßen ab. Sie sind sich fremd geworden – haben sich nichts mehr zu sagen.
Wer ist schuld?
Was war schuld?
Warum?

SCHULD

Umkehr

Die große Schuld des Menschen
sind nicht die Sünden, die er begeht –
die Versuchung ist mächtig und seine Kraft gering;
die große Schuld des Menschen ist,
dass er jeden Augenblick die Umkehr tun kann
und nicht tut.

MARTIN BUBER

SCHULD

Dein empfindliches Selbst

Wenn der andere Mensch über dich lacht,
kannst du ihn bedauern;
aber wenn du über ihn lachst,
solltest du dir niemals selbst vergeben.

Wenn dich der andere Mensch kränkt,
magst du das Unrecht vergessen;
aber wenn du ihn kränkst,
wirst du dich immer erinnern.

In Wirklichkeit ist der andere Mensch
dein empfindliches Selbst
in einem anderen Körper.

KHALIL GIBRAN

VERGEBUNG

Gebet

Guter, barmherziger Gott,
manchmal sind wir von anderen enttäuscht,
wir haben so viel Hoffnung in sie gesetzt;
wir haben so viel von ihnen erwartet
und erfahren auf einmal ihre Reserviertheit.
Vielleicht haben wir uns zu viel versprochen,
vielleicht sind sie eben doch ganz anders als wir dachten,
vielleicht überforderten wir sie.
Und wenn wir uns selbst betrachten,
wie steht es da mit uns,
wie oft haben wir andere enttäuscht,
wie oft sind wir auch von uns selbst enttäuscht,
wie oft sind wir auch sogar versucht,
von dir enttäuscht zu sein, Gott,
wo wir meinten, du ständest uns im Weg,
dabei standen wir uns nur selbst im Weg,
wo wir meinten, du verstündest uns nicht,
dabei verstanden wir uns selbst nicht.
Gott, wir bitten dich, lass uns bei aller Enttäuschung
nicht der Versuchung verfallen, verbittert zu werden,
sondern richte du uns auf,
unseren Weg zu gehen an deiner Hand,
dass wir bei allem, was uns anficht,
aus deiner Vergebung heraus leben. Amen.

VERGEBUNG

Herr, wenn mein Bruder sich gegen mich verfehlt hat, wie oft soll ich ihm vergeben? Bis zu siebenmal?« Jesus antwortete ihm: »Ich sage dir, nicht bis siebenmal, sondern siebzigmalsiebenmal.«

MATTHÄUS 18,21–22

In der Ehe und Partnerschaft gehört die Vergebung zu den Grundpfeilern des Zusammenlebens. Immer und immer wieder hat der eine dem anderen zu vergeben. Aber weder das »du musst mir vergeben« noch das »dann will ich dir noch einmal vergeben« ist wirkliche Vergebung im Sinne der Liebe. Die Liebe droht nicht, die Liebe moralisiert nicht, die Liebe ist nicht selbstgerecht. Wer seinem Partner nur das Wort Vergebung zuspricht, in seinem Herzen aber anders empfindet, der betrügt sich und den Partner. Machen wir uns deshalb immer wieder deutlich, wie stark wir selbst von der Vergebung und der Liebe leben.

VERGEBUNG

Eine Welt für sich

Ich bin immer mehr überzeugt, dass keine zwei Menschen gleich sind. Jeder Mensch ist eine Welt für sich. Er lebt und fühlt und denkt und reagiert von seiner Welt aus, deren tiefster Kern mir immer fremd bleibt.

Darum entstehen zwischen den Menschen fast unvermeidliche Kontaktstörungen, Reibungen, Spannungen, Zusammenstöße. Nur wenn ich begriffen habe, dass der andere anders ist, und wenn ich bereit bin, zu vergeben, ist Zusammenleben möglich.

Der Trauring ist das Zeichen der Liebe und Treue. Liebe und Treue können in Sturm geraten. Es können Tage kommen, da geht es nicht mehr, da geht nichts mehr. Durch Dummheit und Versagen ist ein Bruch entstanden. Durch den Riss dringt die Nacht in dein Herz und in dein Haus. Dann gibt es nur einen Ausweg, nur eine Öffnung zum Licht: Vergebung!

PHIL BOSMANS

VERGEBUNG

Um des Menschen willen

Die Ehe ist um des Menschen willen gemacht, und nicht der Mensch um der Ehe willen.

NACH MARKUS 2,27

Wenn das Scheidungsverbot Jesu darauf abzielt, den schwächsten Teil der Ehe – die Frau – zu schützen, dann sollte sie nicht der Schutzlosigkeit und Isolation, der Geringschätzung und Drangsalierung preisgegeben werden, wie sie damals dort und anderswo weltweit – außerhalb des Familienzusammenhangs – zu befürchten waren. – Wenn die Schutzabsicht Jesu heute neu zu formulieren ist angesichts der Situation von Frauen, für die der Verbleib in der Ehe eine Hölle bedeutet und die davor zu Freunden oder in selbstorganisierte Frauenhäuser flüchten, dann ist ihnen um ihres menschenwürdigen Weiterlebens willen dieser Weg offen zu halten, zu eröffnen. »Um des Menschen willen« ist die Ehe eingerichtet, geschaffen, gestiftet: zu ihrer beiderseitigen Entfaltung, nicht zu ihrer gegenseitigen Unterdrückung; zum Aufleben aneinander, nicht zum langsamen Sterben in der Routine; zur wechselseitigen Hilfe, nicht zur kühlen bis eisigen täglichen Abwendung; zur Anstiftung füreinander beflügelnder Ideen, nicht zum Anöden im stereotypen Einerlei; zur Begleitung auch bei Gratwanderungen oder durch Untiefen und trostlos scheinendes Gelände, nicht zur eiligen Abkehr, wenn es beschwerlich wird; zu Sympathie und Liebe, nicht zu Gegengefühlen und Hass.

WOLFGANG DIETRICH

VERGEBUNG

Versöhnung

Es ließe sich alles versöhnen,
Wenn keine Rechenkunst es will.
In einer schönen
Ganz neuen und scheuen
Stunde spricht ein Bereuen
So mutig still.

Es kann ein ergreifend Gedicht
Werden, das kurze Leben.
Wenn ein Vergeben
Aus Frömmigkeit schlicht
Sein Innerstes spricht.

Zwei Liebende auseinandergerissen:
Gut wollen und einfach sein!
Wenn beide das wissen,
Kann ihr Dach wieder sein Dach sein
Und sein Kissen ihr Kissen.

JOACHIM RINGELNATZ

Empfehlung eines Tisches

Ich empfehle …
den Tisch meiner Großmutter,
die, am Tisch sitzend,
das Gezänk mit dem Großvater
jäh unterbrach,
indem sie die Hand ausstreckte
und wartete, bis die andere Hand,
die große des Mannes,
sich, wenn auch zögernd,
endlich heranschob –

diesen Tisch, viereckig ist er,
nicht rund, nicht oval,
aus schlechtem fichtenen Holz
und alt wie das faltige Lächeln
der Großmutter –
ihn empfehl' ich.

RUDOLF OTTO WIEMER

VERGEBUNG

Immer wieder verzeihen

Ein neugeweihter Priester machte sich sehr viele Gedanken um seine Hochzeitspredigt. Auf einem Spaziergang begegnete er einer alten Walliserin, der er seine Schwierigkeiten gestand: »Eigentlich weiß ich nicht, was ich den Brautleuten sagen soll!«

»Ach«, antwortete sie spontan, »sagen Sie ihnen doch, sie sollen einander immer wieder verzeihen.«

JOHANNES BRANTSCHEN

WAGNIS

Die Ehe, die Partnerschaft ist ein Wagnis. Wir müssen gewohnte Sicherheiten verlassen, etwas aufs Spiel setzen, ein Risiko eingehen, mit der Möglichkeit zu verlieren – oder aber etwas hinzuzugewinnen.

Kommen wir zu der Überzeugung, dass sich das Risiko lohnt, dann setzen wir gerne etwas ein. Befürchten wir aber, zu wenig oder gar nichts zurückzubekommen, so halten wir uns zurück. Zu spät wird uns jedoch bewusst, dass wir uns damit häufig selbst betrügen.

Gerne gehen wir Schwierigkeiten aus dem Weg. Wir halten uns aus unangenehmen, lästigen und nervtötenden Auseinandersetzungen lieber heraus. Wir schalten dann einfach ab, wollen unsere Ruhe haben, vielleicht sogar dann, wenn es um das gemeinsame Leben geht.

Manchmal spielen wir die Rolle des Starken, weil wir meinen, dass es von uns erwartet wird. Auch kommt die Angst hinzu, unsere Schwächen könnten entdeckt werden.

Das größte Wagnis ist jedoch einfach: man selbst zu sein. In der Partnerschaft, in der Ehe können wir lernen und erfahren, die Schwierigkeiten nicht einfach zu meiden und uns aus Angst in Scheinsicherheiten zu flüchten, sondern ihnen angemessen zu begegnen. Ohne die Begleitung, die Solidarität, die Annahme und die Liebe des Partners wird uns dies jedoch nicht gelingen.

WAGNIS

Bleib mir

Bleib mir
erhalten, bis ich
Lebewohl dir sage
mit einem Lachen,
das bis über beide
Ohren reicht
und das Gesicht
verschwinden lässt
in einer Welle,
die alles mitreißt,
was da traurig war
und ernst.

RENATE RASP

WAGNIS

Meine Wahl

Gesetzt ich verliere dich
und habe dann zu entscheiden
ob ich dich noch ein Mal sehe
und ich weiß:
Das nächste Mal
bringst du mir zehnmal mehr Unglück
und zehnmal weniger Glück

Was würde ich wählen?

Ich wäre sinnlos vor Glück
dich wiederzusehen.

ERICH FRIED

WAGNIS

Ich bin

Ich bin, was ich bin!

Doch was bin ich?

Bin ich der, der ich bin?

Oder bin ich der, den ich darstelle?

Bin ich ein Clown,

verliebt in meine Maske,

verliebt in meine Rolle?

Bin ich der, den die Menschen sehen wollen,

oder der, den niemand sehen will?

Ich sehe mich,

weiß, wer ich bin!

Ich suche dich,

der mich sieht und erkennt!

Dann, vielleicht, werde ich Ja sagen,

wenn du Ja sagst zu mir!

GLÜCK

Das Glück liegt in zweierlei: darin, dass man ganz da steht, wo man hingehört, und zum zweiten und besten in einem behaglichen Abwickeln des ganz Alltäglichen, also darin, dass man ausgeschlafen hat und dass einen die neuen Stiefel nicht drücken. Wenn einem die 720 Minuten eines zwölfstündigen Tages ohne besonderen Ärger vergehen, so lässt sich von einem glücklichen Tage sprechen.

THEODOR FONTANE

Mancher rennt dem Glück hinterher,
weil er nicht merkt,
dass das Glück hinter ihm her ist,
ihn aber nicht erreicht,
weil er so rennt.

BERT HELLINGER

Vertrauen ist die Grundlage von allem.

Sie ist das Fundament eurer Zukunft.

Und eure Liebe ist die Kraft, sie gemeinsam

zu gestalten und sie gemeinsam

zu genießen.

KATHARINA BORN

Mit herzlichen Glück- und Segenswünschen

Gott und das Glück

Als Gott, der Herr, wieder einmal auf die Erde kam, da erleuchtete ein heller Stern die Felder und Wiesen nicht weit von uns entfernt. Der Schlaf hatte sich auf die Pflanzen, Tiere und Menschen gelegt, und eine himmlische Ruhe breitete sich aus. Vom Schein des Sternes erstrahlten zwei Lichter in der Finsternis. Langsam und behäbig kamen sie immer näher zu dem Ort, an dem Gott sich aufhielt. Es war so, als ob zwei kleine Lampen über den Feldern und Wiesen schwebten.

Plötzlich erschien aus dem Dunkel der Nacht eine hagere und schmächtige Gestalt. Das Gewand war grau und staubig. Und aus einem sanften und lieblichen Gesicht erkannte man die weißen Augen, ohne Glanz und ohne Schimmer. Vorsichtig tastete sich die Gestalt bis zu Gott vor. Die leblosen Augen schauten, als ob sie sehen konnten, auf das Angesicht Gottes.

Die Gestalt näherte sich dem Herrscher der Welt und kniete nieder. »Ich bin das Glück«, sprach die Gestalt mit weicher Stimme, »ich komme zu dir mit meiner Verzweiflung und mit meinen Fragen.« Gott, der Herr, schaute sanft und gütig auf die vor ihm kniende Gestalt.

Er bewegte seine Lippen und sprach: »So rede und frage, was immer du willst.«

Das Glück betrachtete den Herrn und sagte: »Herr, seit Anbeginn der Schöpfung bin ich auf dieser Welt. In deiner Weisheit und Güte hast du mich erschaffen als ein Geschenk für alle Menschen. Tausende von Jahren ziehe ich nun umher, um mich von den Menschen finden zu lassen. Ich bin hinter ihnen, bei ihnen und vor ihnen. Die einen stürmen voran, um mich zu finden, sie rennen und rennen und können mich doch nicht fassen. Die anderen ergreifen mich und wollen mich festhalten, und doch verlieren sie mich aus den Augen. Und jene, die mich fast greifbar vor Augen haben, sie kommen nicht voran, obwohl sie sich mühen. Herr, ich bin blind und höre die Klagen all dieser Menschen, ihr Weinen, ihre Wut, ihre Enttäuschung. Kannst du mir nicht sehende Augen geben, so dass ich die Menschen, die sich nach mir sehnen, aufsuchen kann?«

Der Herr der Welt aber lächelte und sprach: »Mein Glück, selbst wenn ich dir sehende Augen geben würde, würden die Menschen dich dennoch nicht finden, halten oder ergreifen können. Die einen meinen, sie müssten nur immer vorwärts eilen, um dich zu finden. Sie setzen sich hohe Ziele, haben große Ansprüche und wundersame Träume. So rennen sie und rennen sie, anstatt einfach stehenzubleiben und sich umzuschauen. Denn wenn sie sich einmal umschauten, würden sie feststellen, dass sie an dir vorbeigelaufen sind. Und das würde ihr Leben zerstören. So rennen sie weiter in dem Glauben, irgendwann ihr Glück zu finden. Die anderen, die dich ergreifen, haben die Hoffnung, dich halten zu können und klammern sich an dich. Aber sie bemerken gar nicht, dass du ihnen schon längst entronnen bist. So halten sie etwas fest, was sie für Glück erachten und werden doch nur unglücklich. Jene nun, die dich vor ihren Augen haben und dich dennoch nicht fassen können, jene Menschen haben Angst vor dir. Ihr Leben scheint ihnen wie ein einziger Kampf. Nur was sie selbst unter Mühen errungen haben, ist ihnen wichtig. Sie könnten dich nicht fassen, weil sie nicht in der Lage sind, ein solches Geschenk anzunehmen. Sie lieben nur sich und ihre Taten!«

»Mein Herr«, sprach das Glück, »wenn das so ist, wie du erzählst, wie können die Menschen jemals glücklich werden?«

»Sie sind es«, antwortete der Herr, »und sie sind es nicht. Sie werden es und verlieren es. Sie suchen es, und sie finden es!«

»Das ist mir zu hoch«, sprach das Glück. »Wer kann das verstehen, wie soll man das den Menschen erklären?«

GLÜCK

»Auf einem festgetretenen Weg bist du zu mir gekommen. Der Weg ist hart, auf ihm kann nichts wachsen, und was auf ihm wachsen und gedeihen möchte, wird zertreten. Die Menschen gleichen festgetretenen Wegen. Ihr Leben läuft in alten Bahnen. Sie haben keinen Mut, ihren eingeschlagenen Weg des ›Glücks‹ zu verlassen. Ihnen fehlt die Kraft, sich von Fehlern und Nachlässigkeiten zu befreien, und deshalb verfehlen sie dich, obwohl du so nahe bist. Hätten sie auch nur ein wenig Glauben an sich und ihre Kräfte, sie würden dich finden. Neben dem Weg auf den Feldern und Wiesen liegen Steine. Sie sind schwer und hart. Die Menschen gleichen diesen Steinen. Ihre Herzen sind hart wie Stein, ihre Lippen und Hände sind verschlossen. So verschließen sie sich für ein gutes Wort, für eine liebevolle Geste, für eine gute Tat. Alles was sie haben, wollen sie unbedingt behalten. Und so lassen sie das Glück selten in sich hinein, wenn sie es aber besitzen, so lassen sie es nicht aus sich heraus. Hätten sie nur ein wenig Hoffnung, dass das Glück nicht weniger wird, wenn man es teilt, du würdest ihnen nicht abhanden kommen. Auf den Wiesen und Feldern wachsen Dornen. Sie können verletzen, sie sind abweisend und spitz. Die Menschen gleichen diesen Dornen. Mit ihren Worten und durch ihr Handeln verletzen sie und weisen andere ab. Hätten sie nur ein wenig Liebe, in ihren Herzen könnten weder Hass, Neid noch Missgunst wuchern. Sie könnten dich als Geschenk annehmen, weil die Liebe zum Nächsten ihnen die Kraft dazu geben würde.«

Das Glück richtete sich auf und schaute in die Augen des Herrn. »Ich verstehe dich«, sagte das Glück, »aber werden die Menschen das begreifen?«

Das Licht des anbrechenden Morgens durchbrach die Dunkelheit der Nacht. Und Gott, der Herr, zeigte auf eine Pflanze, die auf dem Feld wuchs. »Schau her«, sagte der Herr, »dieser Löwenzahn wird blühen, und wenn die Zeit gekommen ist, wird eine wunderschöne Pusteblume die Pflanze zieren. Der Wind wiederum wird die

GLÜCK

vielen kleinen Samen über das Land verteilen, und neues Leben beginnt. Wenn die Menschen verstehen, dass das Glück wie eine Pusteblume ist, so werden sie auch dich begreifen. Denn das Glück wächst und blüht und wird verteilt, um wieder zu wachsen, zu blühen und verteilt zu werden.«

GLÜCK

Die Schuhe

Es waren mal zwei Schuhe,
die waren aus demselben Leder,
das sah jeder.

Sie gingen dieselben Wege
und machten zur selben Zeit halt.

So wurden sie gemeinsam alt.

Schließlich fanden sie auf einem Speicher
zusammen ihre Ruhe.

Noch mancher erinnert sich heute:
das war mal ein gutes Paar
Schuhe.

PETER-T. SCHULZ

GLÜCK

Der Wind

Ob einer glücklich ist, kann er dem Winde anhören.
Dieser mahnt den Unglücklichen an die
Zerbrechlichkeit seines Hauses und jagt ihn
aus leichtem Schlaf und heftigem Traum.
Dem Glücklichen singt er das Lied seines Geborgenseins:
Sein wütendes Pfeifen meldet,
dass er keine Macht mehr hat über ihn.

THEODOR W. ADORNO

CHRONIK DER FAMILIE

Heute ist der erste Tag der Zeit,
die uns noch zum Leben bleibt.
Es ist der letzte Tag der Zeit,
die wir bisher erlebt haben.
Lasst uns beides leben –
den neuen Anfang und das Ende,
frisch und unbefangen wie am Anfang,
und so bewusst,
als stünden wir an unserem Ende.
Gottes Liebe wird bei uns sein
in allem, was wir tun.

Das Ehepaar

DER EHEMANN: DIE EHEFRAU:

GEBOREN AM: GEBOREN AM:

IN: IN:

TRAUUNG AM: GETRAUT IN:

DURCH:

TRAUSPRUCH:

TRAUZEUGEN:

Eltern & Geschwister des Ehepaares

DIE ELTERN DES EHEMANNS:

DIE ELTERN DER EHEFRAU:

GEBOREN AM:

GEBOREN AM:

IN:

IN:

GEBOREN AM:

GEBOREN AM:

IN:

IN:

GESCHWISTER DES EHEMANNS:

GESCHWISTER DER EHEFRAU:

Kinder & Enkel

GEBOREN AM: KONFIRMIERT AM:

IN: IN:

GETAUFT AM: DURCH:

KONFIRMATIONSSPRUCH:

TAUFPATEN:

GETRAUT AM: GETRAUT IN:

MIT: GEBOREN AM:

DURCH:

TRAUSPRUCH:

KINDER DER KINDER:

Kinder & Enkel

GEBOREN AM: KONFIRMIERT AM:

IN: IN:

GETAUFT AM: DURCH:

KONFIRMATIONSSPRUCH:

TAUFPATEN:

GETRAUT AM: GETRAUT IN:

MIT: GEBOREN AM:

DURCH:

TRAUSPRUCH:

KINDER DER KINDER:

Textnachweis

Seite 11: Erich Fromm, Lieben, aus: Die Kunst des Liebens, © Deutsche Verlagsanstalt Stuttgart, S. 138; **Seite 15:** Peter Spangenberg, Mein Herz dichtet ein feines Lied, aus: ders., Höre meine Stimme. Die 150 Psalmen der Bibel übertragen in die Sprache unserer Zeit, © Agentur des Rauhen Hauses Hamburg 1995; **Seite 22:** Peter Spangenberg, Es waren deine, aus: ders., Na gut,... sagte der Bär. Fabelhafte Weisheiten, © Agentur des Rauhen Hauses Hamburg 1996; **Seite 24:** Wolfgang Kraska, Es gibt einen Punkt, aus: CVJM 2/1985, © mit freundlicher Genehmigung der Mitarbeiterhilfe, CVJM-Gesamtverband, Kassel-Wilhelmshöhe; **Seite 26:** Bertolt Brecht, Sonett Nr.19, aus: Gesammelte Werke. © Suhrkamp Verlag Frankfurt am Main 1967; **Seite 29:** Peter Spangenberg, Am seidenen Faden, © mit freundlicher Genehmigung des Autors; **Seite 36:** Lothar Zenetti, Ein Anruf für Sie, aus: ders., In seiner Nähe. Texte des Vertrauens (Topus Plus 431) © Matthias-Grünewald-Verlag, Mainz 2002, S. 43; **Seite 44:** Khalil Gibran, Dein empfindliches Selbst, aus: ders., Sand und Schaum, Aphorismen, Walter Verlag, Zürich; **Seite 46:** Friedemann Schäfer, Gebet, aus: ders., Gib meinem Leben Sinn, © Agentur des Rauhen Hauses Hamburg 1996; **Seite 48:** Phil Bosmans, Eine Welt für sich, aus: ders., Worte zum Menschsein. Verlag Herder, Freiburg 16. Aufl.1997; **Seite 49:** Wolfgang Dietrich, Wenn das... aus: ders., Zusammengehen – Sich verbünden. Das 7. Gebot. Reihe: Die Zehn Gebote, © Verlag am Eschbach, Eschbach/Markgräflerland 1994; **Seite 50:** Joachim Ringelnatz, Versöhnung, aus: ders., Das Gesamtwerk in sieben Bänden, © 1994 by Diogenes Verlag AG, Zürich; **Seite 51:** Rudolf Otto Wiemer, Empfehlung eines Tisches, aus: ders., Der Augenblick ist noch nicht vorüber, Kreuz Verlag, Stuttgart 2001, © Rudolf Otto Wiemer Erben, Hildesheim; **Seite 52:** Johannes Brantschen, Immer wieder verzeihen, aus: Klemens Richter (Hg.), Das Ja wagen, Verlag Herder, Freiburg 2. Aufl.1986; **Seite 55:** Renate Rasp, Bleib mir, aus: Junges Deutschland, 1978, © Carl Hanser Verlag, München; **Seite 56:** Erich Fried, Meine Wahl, aus: ders., Liebesgedichte, Quarthefte Nr.103, S. 95, Verlag Klaus Wagenbach, Berlin 1979, NA 1995; **Seite 64:** Peter T. Schulz, Die Schuhe, © 1995 Peter T. Schulz, Liebe ist Energie, Dumont Buchverlag Köln.

Alle nicht gekennzeichneten Texte stammen vom Herausgeber Andreas-G. Strehlau.

Wir haben uns bemüht, alle Zitate zu verifizieren und mit einen Quellennachweis zu belegen. Dies ist uns in einigen Fällen nicht gelungen. Wir bitten die Autoren oder Verlage dieser Textstellen, mit uns Verbindung aufzunehmen.

Bildnachweis

U1, Seite 4: Marc Chagall, Doppelporträt mit Weinglas, 1922, Gouache auf Papier, 42,8 x 24,4 cm, Wien, Privatsammlung (AKG-Images, © VG Bild-Kunst, Bonn 2007); **Seite 6:** Paul Cézanne, Stillleben mit Blumen und Früchten, um 1888/90. Öl auf Leinwand, 65,5 x 82,0 cm, SMPK Nationalgalerie (AKG-Images); **Seite 8:** Pablo Picasso, Mädchen vor einem Spiegel, 1932, Öl auf Leinwand, 161,9 x 130,2 cm, Museum of Modern Art, New York (AKG-Images, © Succession Picasso/VG Bild-Kunst, Bonn 2007); **Seite 13:** Paul Gauguin, Der Violoncellist Upaupa Schneklud, 1894, Öl auf Leinwand, 92 x 73 cm, Baltimore Museum of Art; **Seite 19:** Auguste Renoir, Fräulein Romaine Lacaux, 1864, Öl auf Leinwand, 161,9 x 130,2 cm, Cleveland Museum of Art; **Seite 27:** Paul Delvaux, Le soir, 1932, Öl auf Leinwand, 100 x 80 cm, Privatsammlung (AKG-Images, © Fond. P. Delvaux S. Idesbald, Belgien/VG Bild-Kunst, Bonn 2007); **Seite 32:** Marc Chagall, Braut mit blauem Gesicht, 1932-1960, Öl auf Leinwand, 100 x 80 cm, Privatsammlung (AKG-Images, © VG Bild-Kunst, Bonn 2007); **Seite 39:** Paul Cézanne, Stillleben mit Früchten, 1879/80, Öl auf Leinwand, 45 x 54 cm, Ermitage St. Petersburg; **Seite 45:** August Macke, Dame in grüner Jacke, 1913, Öl auf Leinwand, 44 x 43 cm, Wallraf-Richartz-Museum, Köln; **Seite 53:** Marc Chagall, Champs de Mars, 1954/55, Museum Folkwang Essen (© VG Bild-Kunst, Bonn 2007); **Seite 61:** Vincent van Gogh, Iris, Saint Remy, Mai 1889, Öl auf Leinwand, 71 x 93 cm (AKG-Images); **Seite 65:** Vincent van Gogh, Ein Paar Schuhe, 1887, Öl auf Leinwand, 34 x 41 cm, Baltimore Museum of Art; **Seite 67:** Marc Chagall, Liebespaar mit Blumenstrauß, 1949, Sprengel-Museum Hannover (© VG Bild-Kunst, Bonn 2007).

© Agentur des Rauhen Hauses Hamburg 2008
www.agentur-rauhes-haus.de
Konzeption und Realisation: Carpe Diem Concept GmbH, Freiburg im Breisgau
Produktion: art und weise, Freiburg im Breisgau
Druck: EuroGrafica, Vicenza, Italien
Gedruckt auf chlorfrei gebleichtem, alterungsbeständigem Papier
ISBN 978-3-7600-1717-4
Best.-Nr. 1 1717-4